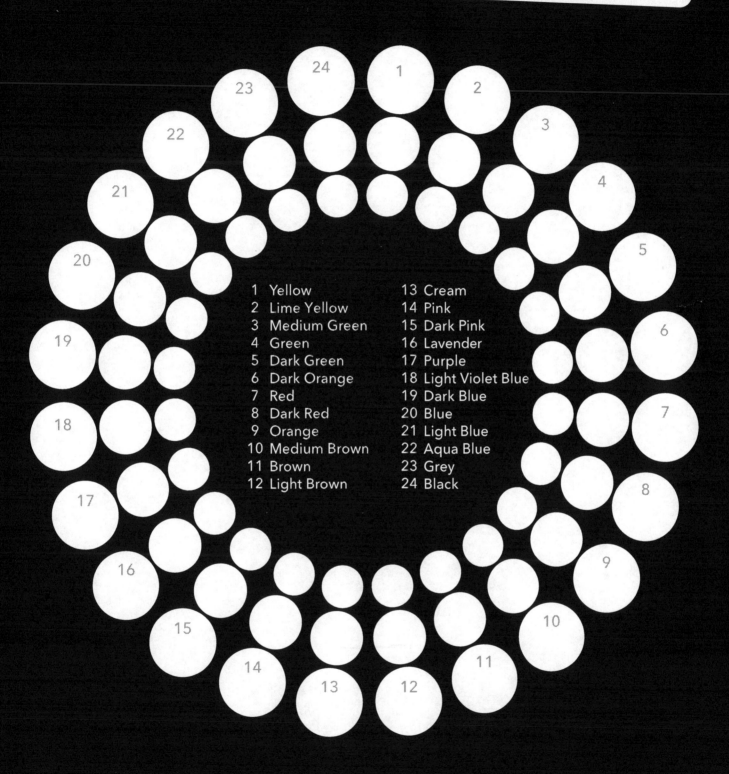

1 Yellow
2 Lime Yellow
3 Medium Green
4 Green
5 Dark Green
6 Dark Orange
7 Red
8 Dark Red
9 Orange
10 Medium Brown
11 Brown
12 Light Brown

13 Cream
14 Pink
15 Dark Pink
16 Lavender
17 Purple
18 Light Violet Blue
19 Dark Blue
20 Blue
21 Light Blue
22 Aqua Blue
23 Grey
24 Black

Yellow (1)	Medium brown (10)	Light violet blue (18)
Lime yellow (2)	Brown (11)	Dark blue (19)
Medium green (3)	Light brown (12)	Blue (20)
Dark green (5)	Cream (13)	Aqua blue (22)
Dark orange (6)	Pink (14)	Grey (23)
Red (7)	Dark pink (15)	Black (24)
Dark red (8)	Lavender (16)	
Orange (9)	Purple (17)	

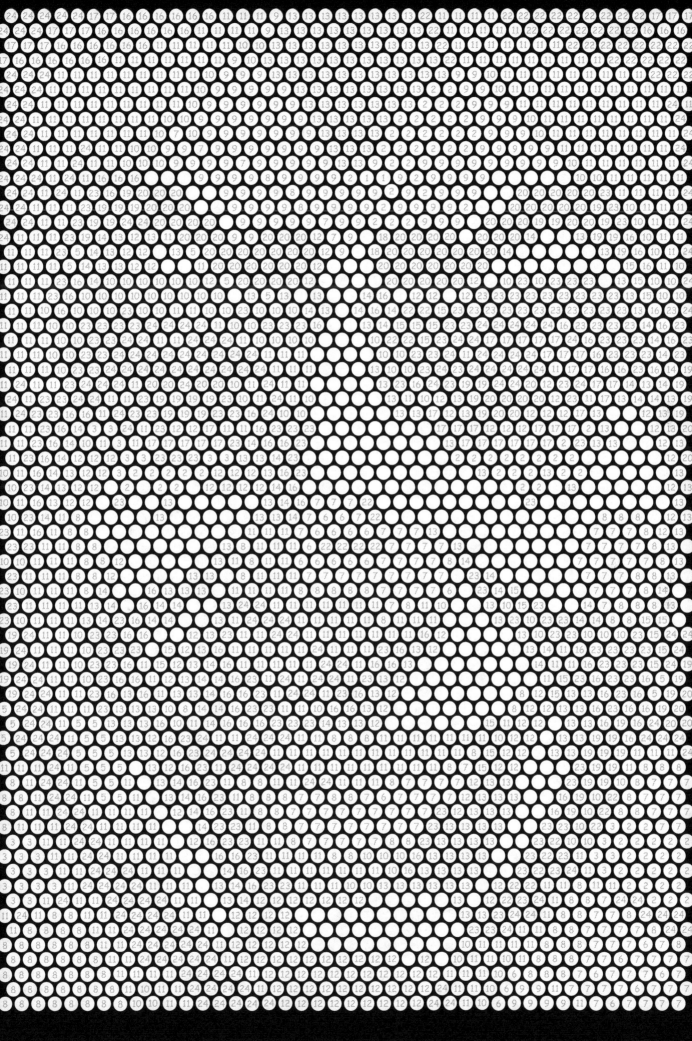

Yellow (1)	Orange (9)	Purple (17)
Lime yellow (2)	Medium brown (10)	Dark blue (19)
Medium green (3)	Brown (11)	Blue (20)
Green (4)	Light brown (12)	Aqua blue (22)
Dark green (5)	Cream (13)	Grey (23)
Dark orange (6)	Pink (14)	Black (24)
Red (7)	Dark pink (15)	
Dark red (8)	Lavender (16)	

Yellow (1)	Orange (9)	Purple (17)
Lime yellow (2)	Medium brown (10)	Light violet blue (18)
Medium green (3)	Brown (11)	Dark blue (19)
Green (4)	Light brown (12)	Blue (20)
Dark green (5)	Cream (13)	Aqua blue (22)
Dark orange (6)	Pink (14)	Grey (23)
Red (7)	Dark pink (15)	Black (24)
Dark red (8)	Lavender (16)	

Yellow (1)	Orange (9)	Purple (17)
Lime yellow (2)	Medium brown (10)	Light violet blue (18)
Medium green (3)	Brown (11)	Dark blue (19)
Green (4)	Light brown (12)	Blue (20)
Dark green (5)	Cream (13)	Light blue (21)
Dark orange (6)	Pink (14)	Aqua blue (22)
Red (7)	Dark pink (15)	Grey (23)
Dark red (8)	Lavender (16)	Black (24)

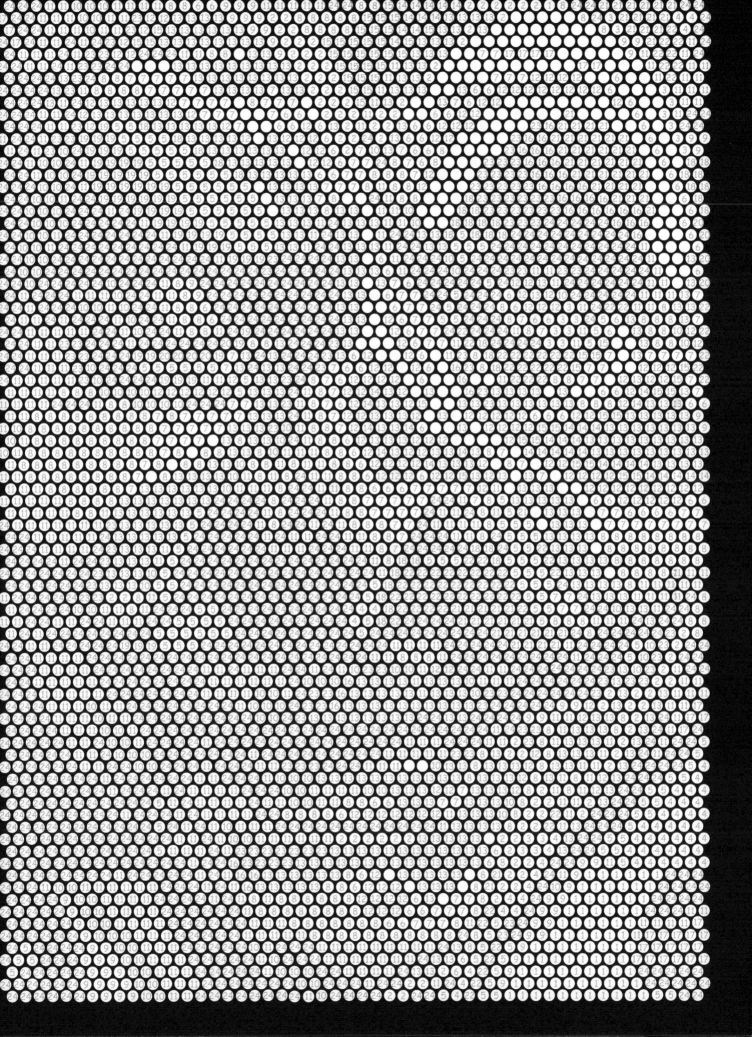

Yellow (1)	Orange (9)	Purple (17)
Lime yellow (2)	Medium brown (10)	Light violet blue (18)
Medium green (3)	Brown (11)	Dark blue (19)
Green (4)	Light brown (12)	Blue (20)
Dark green (5)	Cream (13)	Aqua blue (22)
Dark orange (6)	Pink (14)	Grey (23)
Red (7)	Dark pink (15)	Black (24)
Dark red (8)	Lavender (16)	

Yellow (1)	Orange (9)	Purple (17)
Lime yellow (2)	Medium brown (10)	Light violet blue (18)
Medium green (3)	Brown (11)	Dark blue (19)
Green (4)	Light brown (12)	Blue (20)
Dark green (5)	Cream (13)	Light blue (21)
Dark orange (6)	Pink (14)	Aqua blue (22)
Red (7)	Dark pink (15)	Grey (23)
Dark red (8)	Lavender (16)	Black (24)

Yellow (1)	Medium brown (10)	Light violet blue (18)
Lime yellow (2)	Brown (11)	Dark blue (19)
Medium green (3)	Light brown (12)	Blue (20)
Dark green (5)	Cream (13)	Aqua blue (22)
Dark orange (6)	Pink (14)	Grey (23)
Red (7)	Dark pink (15)	Black (24)
Dark red (8)	Lavender (16)	
Orange (9)	Purple (17)	

Yellow (1)	Medium brown (10)	Light violet blue (18)
Lime yellow (2)	Brown (11)	Dark blue (19)
Medium green (3)	Light brown (12)	Blue (20)
Dark green (5)	Cream (13)	Light blue (21)
Dark orange (6)	Pink (14)	Aqua blue (22)
Red (7)	Dark pink (15)	Grey (23)
Dark red (8)	Lavender (16)	Black (24)
Orange (9)	Purple (17)	

Lime yellow (2)	Brown (11)	Dark blue (19)
Medium green (3)	Light brown (12)	Blue (20)
Green (4)	Cream (13)	Light blue (21)
Dark green (5)	Pink (14)	Aqua blue (22)
Dark orange (6)	Dark pink (15)	Grey (23)
Red (7)	Lavender (16)	Black (24)
Dark red (8)	Purple (17)	
Orange (9)	Light violet blue (18)	

Yellow (1)	Orange (9)	Purple (17)
Lime yellow (2)	Medium brown (10)	Dark blue (19)
Medium green (3)	Brown (11)	Blue (20)
Green (4)	Light brown (12)	Aqua blue (22)
Dark green (5)	Cream (13)	Grey (23)
Dark orange (6)	Pink (14)	Black (24)
Red (7)	Dark pink (15)	
Dark red (8)	Lavender (16)	

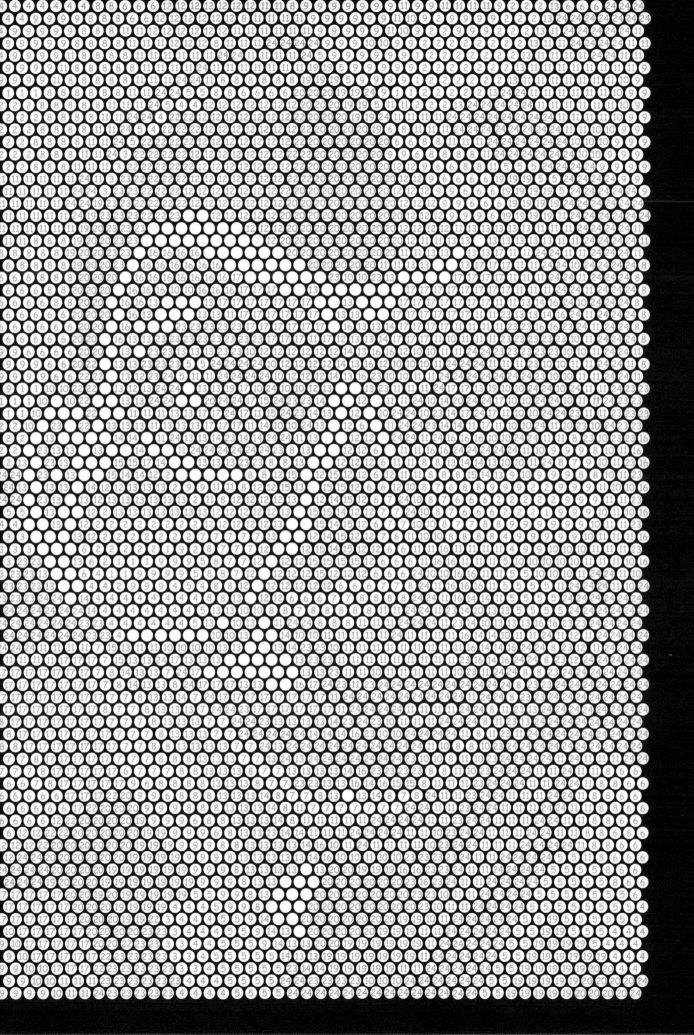

Yellow (1)	Orange (9)	Dark blue (19)
Lime yellow (2)	Medium brown (10)	Blue (20)
Medium green (3)	Brown (11)	Light blue (21)
Green (4)	Cream (13)	Aqua blue (22)
Dark green (5)	Pink (14)	Grey (23)
Dark orange (6)	Dark pink (15)	Black (24)
Red (7)	Lavender (16)	
Dark red (8)	Purple (17)	

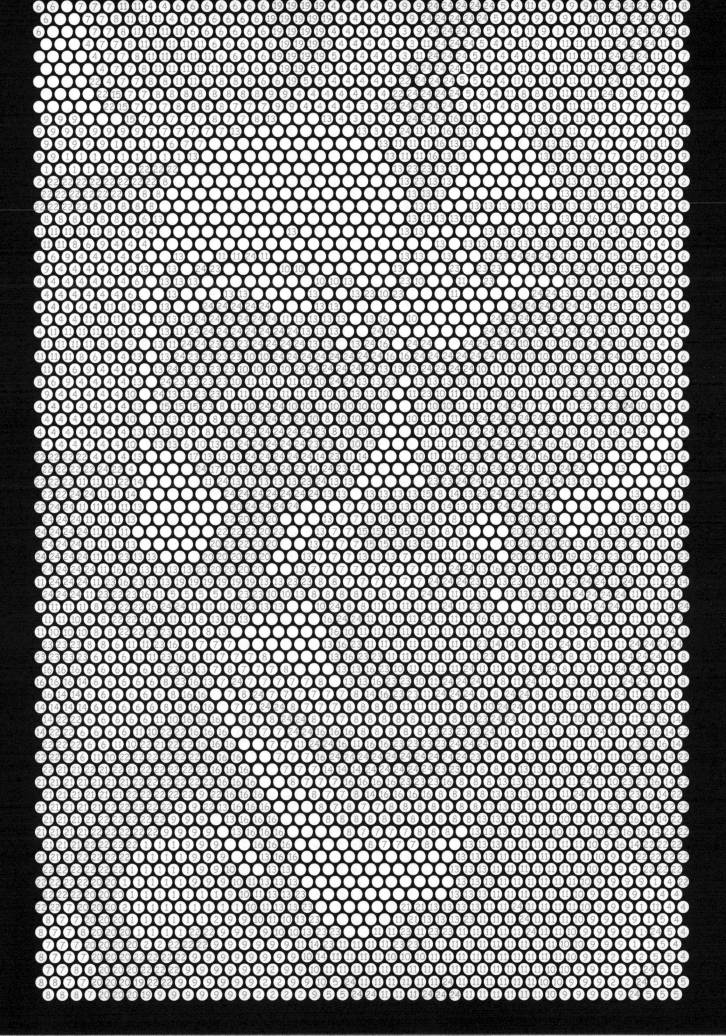

Yellow (1)	Medium brown (10)	Light violet blue (18)
Lime yellow (2)	Brown (11)	Dark blue (19)
Green (4)	Light brown (12)	Blue (20)
Dark green (5)	Cream (13)	Aqua blue (22)
Dark orange (6)	Pink (14)	Grey (23)
Red (7)	Dark pink (15)	Black (24)
Dark red (8)	Lavender (16)	
Orange (9)	Purple (17)	

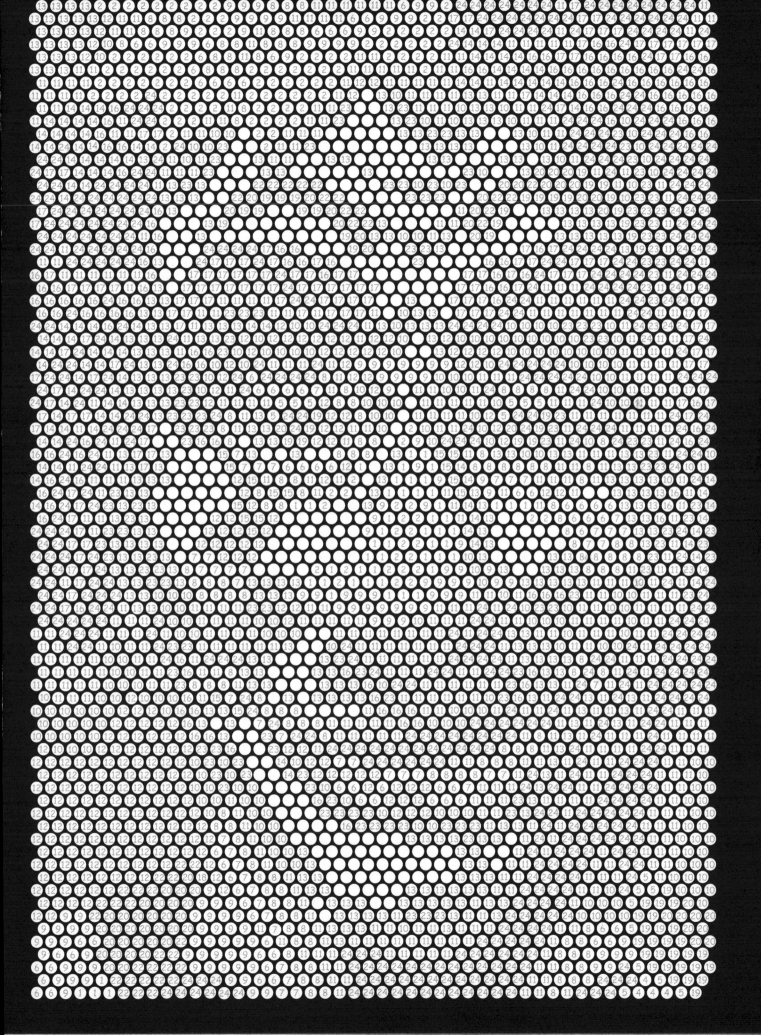

Yellow (1)	Orange (9)	Purple (17)
Lime yellow (2)	Medium brown (10)	Light violet blue (18)
Medium green (3)	Brown (11)	Dark blue (19)
Green (4)	Light brown (12)	Blue (20)
Dark green (5)	Cream (13)	Light blue (21)
Dark orange (6)	Pink (14)	Aqua blue (22)
Red (7)	Dark pink (15)	Grey (23)
Dark red (8)	Lavender (16)	Black (24)

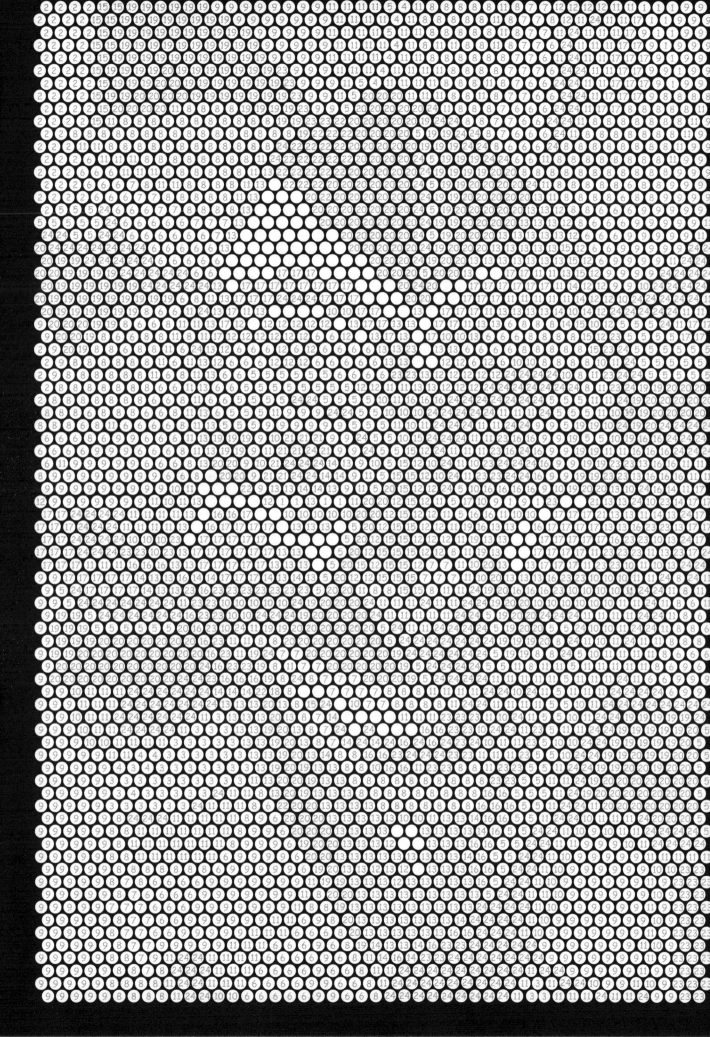

Yellow (1)	Medium brown (10)	Dark blue (19)
Lime yellow (2)	Brown (11)	Blue (20)
Green (4)	Light brown (12)	Aqua blue (22)
Dark green (5)	Cream (13)	Grey (23)
Dark orange (6)	Pink (14)	Black (24)
Red (7)	Dark pink (15)	
Dark red (8)	Lavender (16)	
Orange (9)	Purple (17)	

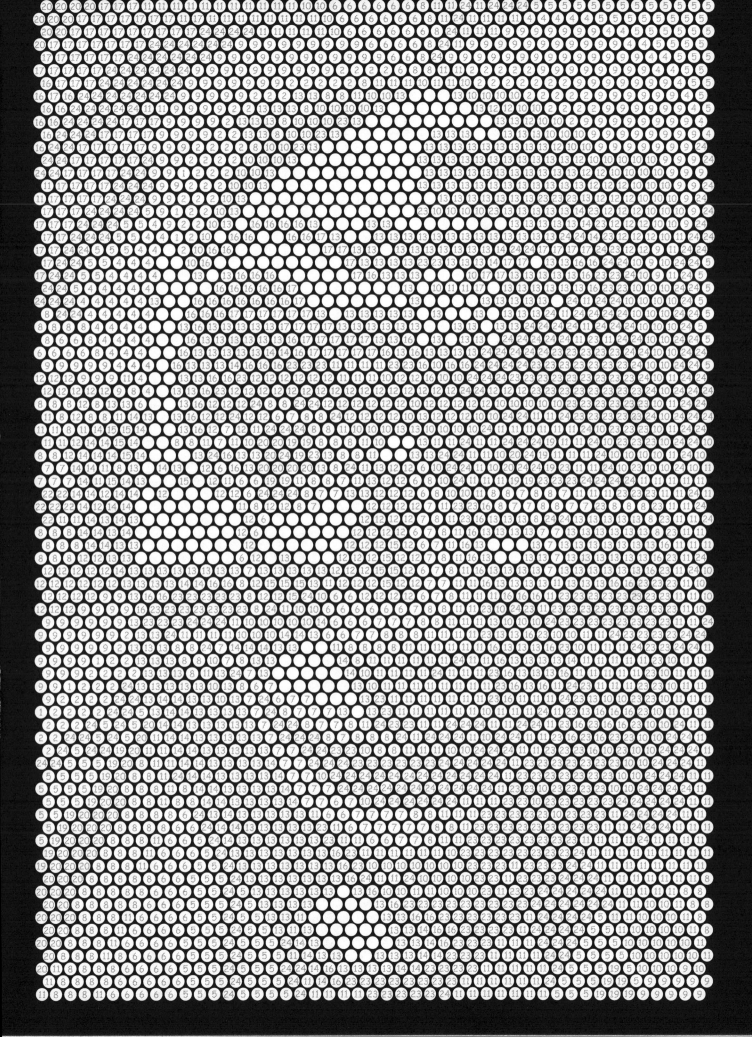

Yellow (1)	Orange (9)	Purple (17)
Lime yellow (2)	Medium brown (10)	Dark blue (19)
Medium green (3)	Brown (11)	Blue (20)
Green (4)	Light brown (12)	Aqua blue (22)
Dark green (5)	Cream (13)	Grey (23)
Dark orange (6)	Pink (14)	Black (24)
Red (7)	Dark pink (15)	
Dark red (8)	Lavender (16)	

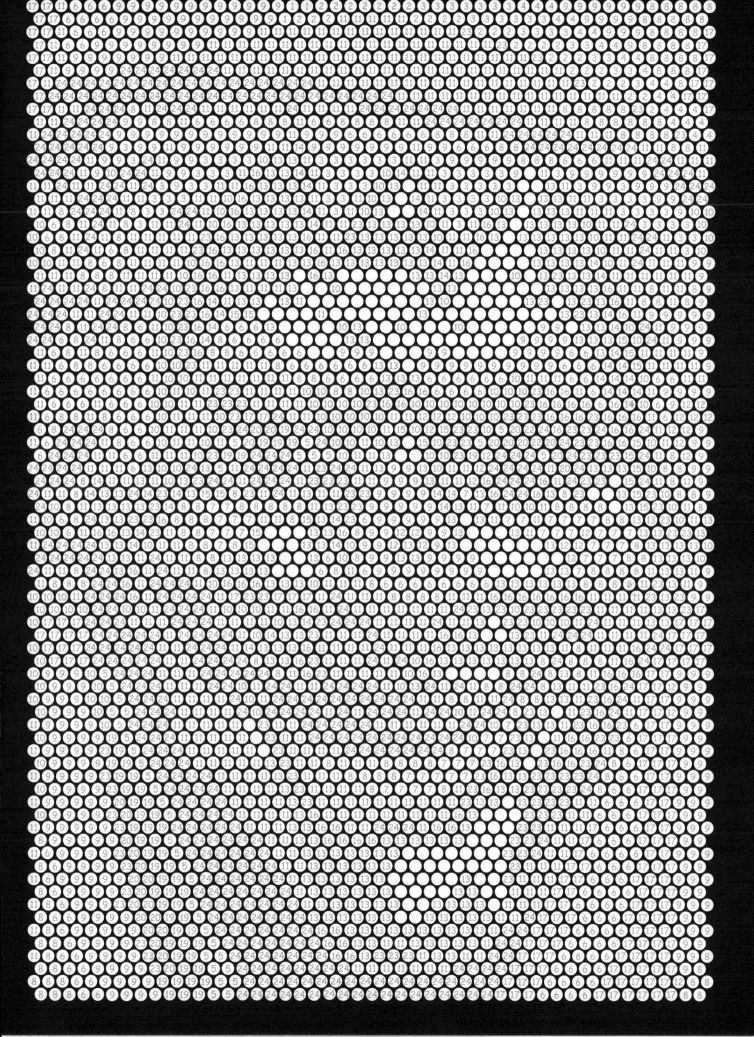

Yellow (1)	Orange (9)	Purple (17)
Lime yellow (2)	Medium brown (10)	Dark blue (19)
Medium green (3)	Brown (11)	Blue (20)
Green (4)	Light brown (12)	Aqua blue (22)
Dark green (5)	Cream (13)	Grey (23)
Dark orange (6)	Pink (14)	Black (24)
Red (7)	Dark pink (15)	
Dark red (8)	Lavender (16)	

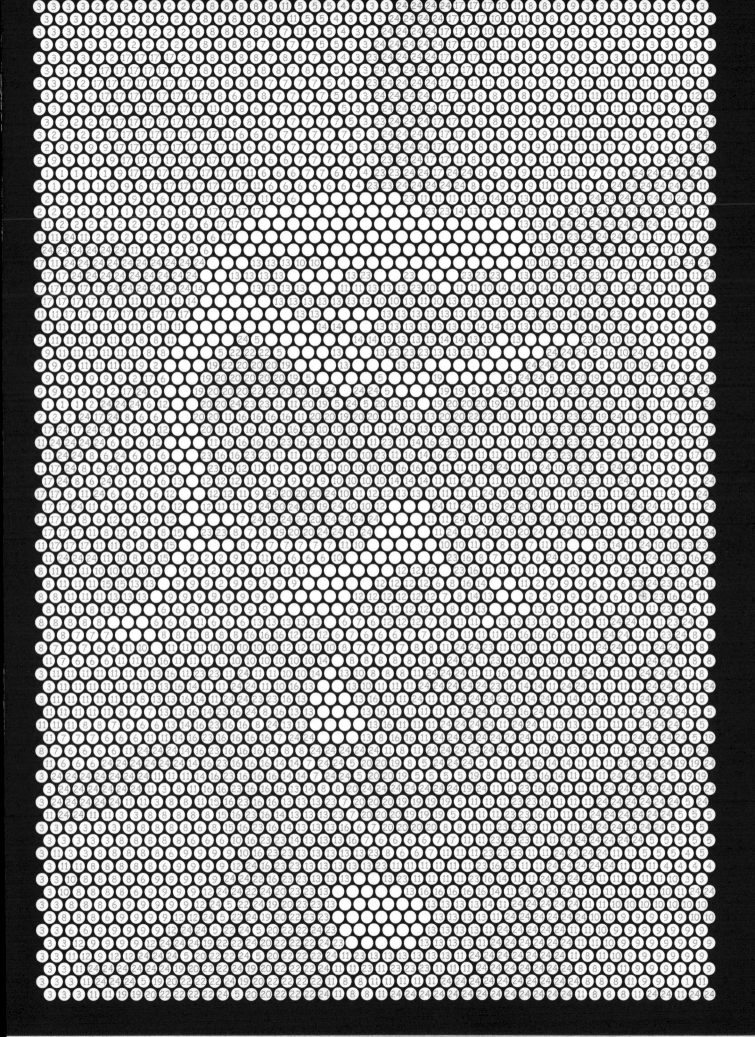

Yellow (1)	Medium brown (10)	Dark blue (19)
Lime yellow (2)	Brown (11)	Blue (20)
Medium green (3)	Light brown (12)	Aqua blue (22)
Dark green (5)	Cream (13)	Grey (23)
Dark orange (6)	Pink (14)	Black (24)
Red (7)	Dark pink (15)	
Dark red (8)	Lavender (16)	
Orange (9)	Purple (17)	

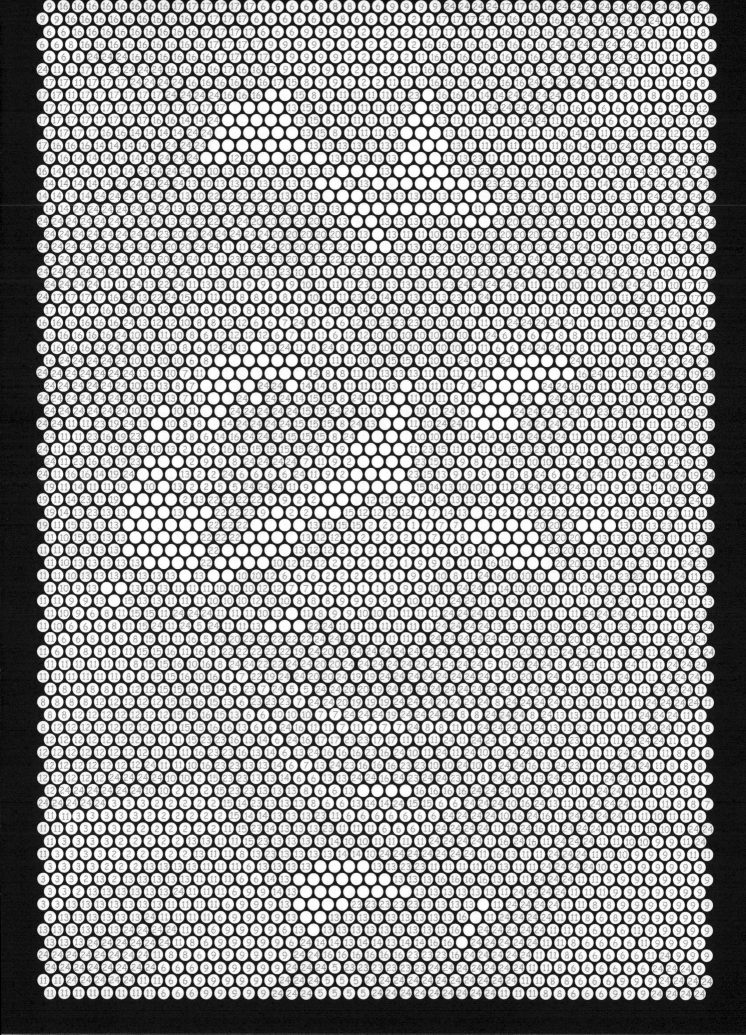

Yellow (1)	Orange (9)	Purple (17)
Lime yellow (2)	Medium brown (10)	Dark blue (19)
Medium green (3)	Brown (11)	Blue (20)
Green (4)	Light brown (12)	Aqua blue (22)
Dark green (5)	Cream (13)	Grey (23)
Dark orange (6)	Pink (14)	Black (24)
Red (7)	Dark pink (15)	
Dark red (8)	Lavender (16)	

Lime yellow (2)   Medium brown (10)   Dark blue (19)

Medium green (3)   Brown (11)   Blue (20)

Green (4)   Light brown (12)   Aqua blue (22)

Dark green (5)   Cream (13)   Grey (23)

Dark orange (6)   Pink (14)   Black (24)

Red (7)   Dark pink (15)

Dark red (8)   Lavender (16)

Orange (9)   Purple (17)

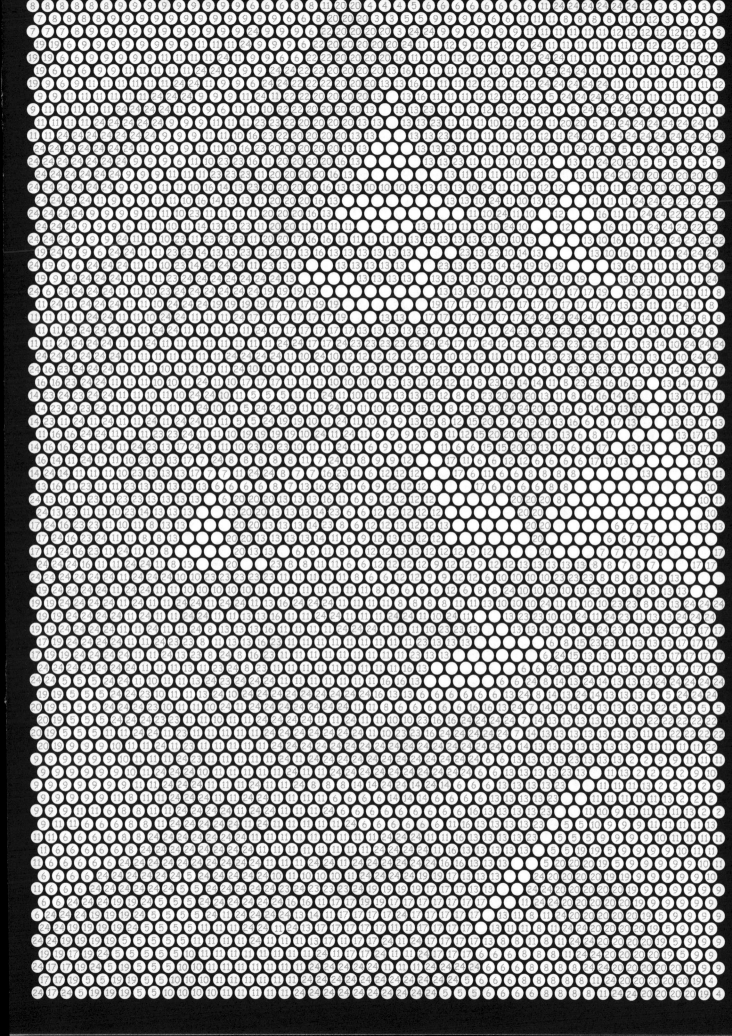

Made in the USA
Monee, IL
26 October 2024